SUPER-DEPORTISTAS MEXICANOS

SUPER- DEPORTISTAS MEXICANOS

FRIDA MARTÍNEZ

ALFAGUARA

Superdeportistas mexicanos

Primera edición: marzo, 2024

D. R. © 2023, Frida Martínez (@frida5martinez)

D. R. © 2024, derechos de edición mundiales en lengua castellana:
Penguin Random House Grupo Editorial, S. A. de C. V.
Blvd. Miguel de Cervantes Saavedra núm. 301, 1er piso,
colonia Granada, alcaldía Miguel Hidalgo, C. P. 11520,
Ciudad de México

penguinlibros.com

D. R. © 2023, Alanis Salas (@nefelibata_artwork), por las ilustraciones de Joana Jiménez,
Jorge Luis Martínez, Carlos Sansores, Alexa Moreno y José Luis Doctor
D. R. © 2023, Diana Alicia Ramírez (@alethwonderful), por las ilustraciones de Steffy Aradillas,
Donovan Carrillo, Rut Castillo y Katty Martínez
D. R. © 2023, Gree Zamora (@gree_grecia), por las ilustraciones de Nataly Michel,
Amalia Pérez, Montse Mejía, María Espinoza y Nuria Diosdado
D. R. © 2023, Luisa Lovera (@luloverams), por las ilustraciones de Ceci Tamayo,
Martha Alejandra Castillo, Jessy Salazar, Santi Giménez y Kevin Peraza
D. R. © 2023, Nic Ochoa (@nic_ochoa_), por las ilustraciones de Diego López, Lenia Ruvalcaba,
Viri Álvarez, Luis Álvarez y Alejandra Valencia

Diseño de interiores y portada: Penguin Random House / Paola García Moreno

ISBN: 978-607-384-283-9

Impreso en México – *Printed in Mexico*

ÍNDICE

PRÓLOGO

Por Alexa Moreno

Una vez alguien dijo que yo había llegado a donde estoy por mi talento y que éste siempre iba a estar por encima del trabajo duro. Yo me enojé porque he trabajado como una lunática. Vamos, no estoy diciendo que no tenga talento, pero he competido junto a personas que son más talentosas, así que no creo haber nacido con una destreza especial. No tengo superpoderes procedentes del espacio exterior. Lo que creo es que todos contamos con una habilidad particular, pero no todos la desarrollan. A veces me dicen: "Tú puedes hacerlo porque eres tú". Y tal vez tengan razón porque me he esforzado para lograrlo. Practico en lo que soy buena y, en lo que no, entreno para mejorarlo. Ser consciente de mis fortalezas y debilidades me ha llevado a lograr diversas metas: tener la determinación de buscar una mejor versión de mí constantemente, permitirme soñar en grande y tener el coraje de seguir esos sueños; ser terca, perdón, perseverante, y reconocer que siempre habrá alguien mejor y que puedo seguir aprendiendo. No creo que haya una fórmula secreta para ser un atleta olímpico porque cada persona es distinta, tanto física como mentalmente. Y ahora estás a punto de conocer un poco del "¿Cómo llegué aquí?" de 24 superdeportistas mexicanos. ¡Acompáñanos!

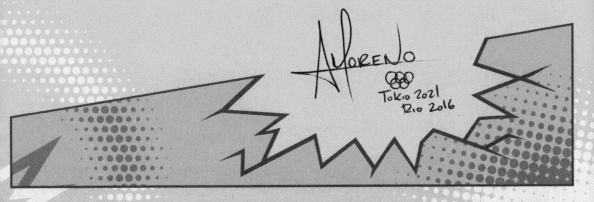

A. Moreno
Tokio 2021
Rio 2016

DIEGO LÓPEZ

ALIAS: El Misil xalapeño.

DEPORTE: Natación paralímpica.

LUGAR DE NACIMIENTO:
Xalapa, Veracruz.

SUPERPODER: Ser el nadador
paralímpico más rápido
del mundo.

TALENTOS Y CUALIDADES:
Liderazgo, paciencia,
perseverancia, poseer una
mentalidad inquebrantable.

"Un deseo
no cambia nada,
una decisión
lo cambia todo".

Hijo de maestros en Educación Física, Diego fue un niño muy inquieto que siempre estuvo rodeado por el deporte. Sin embargo, a los ocho años de edad le dio apendicitis y tuvo que ser operado. Esa intervención le desencadenó la enfermedad de Charcot-Marie-Tooth, una afectación, principalmente nerviosa, que le ocasionó que fuera perdiendo musculatura y movimiento en sus extremidades.

Para Diego, las limitaciones son las que nosotros mismos nos ponemos y por eso descubrió en el deporte paralímpico, específicamente en la natación, una motivación para ser mejor día con día. En ese entonces se puso como meta participar en unos Juegos Paralímpicos y ser medallista de oro. Con el tiempo se dio cuenta de que para llegar a ser el mejor tenía que entrenar con los número uno, por lo que decidió dejar su natal Veracruz e irse a vivir y entrenar al Centro Paralímpico Nacional para enfocarse en su deporte y educación. Logró llegar a sus primeros Juegos Paralímpicos en Río 2016, donde quedó en quinto lugar, pero él sabía que quería y podía llegar a lo más alto del podio: a su regreso, Diego entrenó más fuerte. En 2019 logró colocarse como uno de los cinco deportistas más importantes del año a nivel mundial al lograr cinco medallas de oro a nivel continental en los Juegos Parapanamericanos de Lima y, además, cuatro preseas de oro en el Campeonato Mundial, así como tres récords mundiales.

Su revancha llegó en Tokio, ya que a pesar de que se contagió de covid unos días antes de viajar y de que no se encontraba en su mejor forma física, logró obtener tres medallas paralímpicas: oro, plata y bronce. Actualmente sigue ganando galardones mundiales y continentales y se prepara para acudir a unos nuevos Juegos Paralímpicos.

MOMENTO CANON

"Mientras veía en televisión los Juegos Olímpicos de Londres 2012, junto con mis papás, descubrí el deporte de alto rendimiento y supe que yo quería estar en esas competencias algún día".

KRYPTONITA

(Algo a lo que no te puedas resistir)

Los postres, sobre todo,
el pastel de tres leches.

PLACER CULPOSO

Ponerme sentimental y soltar
la lagrimita con series y películas.

LO QUE MÁS TE HACE FELIZ

Pasar tiempo y convivir
con mi familia y amigos.

LO QUE MÁS TE ENTRISTECE

Que mi abuelito Miguel
no me hubiera podido ver
ganar en Tokio.

PERSONAS QUE ADMIRAS

A mis papás.

SUPERHÉROE FAVORITO

IRON MAN porque, a pesar
de las adversidades de la vida
y de todo lo que le pasó, él
siguió adelante y preocupado
siempre por los demás.

CANCIÓN PARA PONERSE EN MOOD DE SUPERHÉROE

Todas las de AC/DC.

CONSEJO A LOS SUPERHUMANOS EN ENTRENAMIENTO:

"Nunca desistan de sus sueños.
A pesar de las adversidades, siempre
hay que ver para adelante porque
nuestros sueños se pueden lograr con
dedicación, disciplina y esfuerzo".

PELÍCULA FAVORITA

Rápido y furioso 2.

JOANA JIMÉNEZ

ALIAS: Joa.

DEPORTE: Natación artística (solo, dueto y conjunto).

LUGAR DE NACIMIENTO: Estado de México.

SUPERPODER: Bailar como sirena en una alberca, aguantar mucho tiempo bajo el agua y comer todo lo que se le antoja.

TALENTOS Y CUALIDADES: Perseverancia y ser alegre.

"No importa lo duro que golpees, sino lo dispuesto que estés para aguantar golpes y seguir adelante".

Su mamá siempre la impulsó para que hiciera deporte, por ello, desde que tenía tres años, la llevó a clases de natación y ese fue su primer contacto con el agua. Después, Joana descubrió que existía una actividad en la que podía bailar y nadar, así que les pidió a sus papás que la inscribieran en natación artística. Con el paso de los años, mientras sus compañeras iban avanzando en los procesos selectivos y ella no era elegida, se desanimó y decidió intentar con otros deportes. Descubrió que en el básquet era muy buena y hasta le ofrecieron representar a su estado, pero cuando estaba a punto de competir, su antigua entrenadora le pidió volver al nado sincronizado y darle y darse una nueva oportunidad en la disciplina deportiva que, al momento de probar por primera vez, tanto le había gustado.

La joven decidió regresar y se propuso entrenar lo más fuerte que pudiera sin descuidar su educación. Así, a los 15 años logró su primer llamado a la Selección Nacional y desde entonces ha representado a México en diferentes competencias nacionales e internacionales.

Toda su familia, sobre todo sus abuelos, son las personas más queridas en su vida. Considera muy importante respetar y escuchar a los adultos mayores porque representan la voz de la experiencia y saben aconsejar a quienes les rodean. Su familia siempre intenta estar en todas las competencias donde Joana se presenta para demostrarle su apoyo incondicional desde la primera fila.

La atleta consiguió en 2019 su primer pase a unos Juegos Olímpicos como duetista al lado de la también nadadora mexicana Nuria Diosdado. En esa ocasión quedaron finalistas en la justa deportiva de Tokio 2020, logrando el mejor resultado en la historia de México en su deporte. Joa estudió la carrera de Psicología y actualmente cursa su segunda maestría.

MOMENTO CANON

"Cuando logré competir mi primer solo en Juegos Centroamericanos y gané una medalla de oro que pude dedicar a mi abuelita hasta el cielo. Fue un instante muy especial en mi vida y que siempre recordaré".

KRYPTONITA
(Algo a lo que no te puedas resistir)
La comida en general.

PLACER CULPOSO
La cajeta en todas sus presentaciones.

LO QUE MÁS TE HACE FELIZ
Convivir con mi familia.

LO QUE MÁS TE ENTRISTECE
Ya no tener a mi abuelita conmigo.

PERSONAS QUE ADMIRAS
Mis papás.

SUPERHÉROE FAVORITO
Wonder Woman por todo lo que representa como icono.

CANCIÓN PARA PONERSE EN MOOD DE SUPERHÉROE
"Big in Japan" (Alphaville).

CONSEJO A LOS SUPERHUMANOS EN ENTRENAMIENTO:
"Escuchen a sus abuelos y aprovechen todo el tiempo que puedan con ellos. La escuela es igual de importante que el deporte, así que disfruten todo lo que hagan y sean disciplinados".

PELÍCULA FAVORITA
Todas las de Rocky.

@Joana Jiménez   @joanajimenezmx

NATALY MICHEL

ALIAS: Nach.

DEPORTE: Esgrima con florete.

LUGAR DE NACIMIENTO:
Guadalajara, Jalisco.

SUPERPODER: Contar con una superfuerza para nunca dejar de luchar por sus sueños.

TALENTOS Y CUALIDADES:
Resiliencia, disciplina, responsabilidad, ser muy alegre y empática.

"Si puedes soñarlo, puedes hacerlo".
(Walt Disney)

Nataly empezó en el mundo deportivo practicando natación, pero un día de plano se aburrió y decidió buscar otra disciplina en la cual enfocarse. Pasó por su cabeza la equitación, pero una amiga de su mamá la invitó a ella, a su hermana y a su prima a practicar esgrima. Ella no sabía nada sobre este deporte, pero cuando lo vio le gustó mucho. "El arte de tocar sin permitir que te toquen", dice con orgullo. Le gustaba la elegancia de la esgrima, pero que a la vez tuviera la rudeza de ser un deporte de combate. Nataly recuerda que, en su primera competencia, a los seis meses de empezar a entrenar, estuvo cerca del pase de medallas y que tenía potencial. A los 14 años se convirtió en la campeona nacional más joven y a los 15 participó en su primera Copa del Mundo representando a México. Fue en ese momento cuando se emocionó a más no poder porque ya estaba compitiendo en las grandes ligas y sintió la motivación de ser mejor, por lo que buscó seguir preparándose y trabajar duro en cada uno de sus entrenamientos.

En 2016 logró clasificarse a los Juegos Olímpicos de Río después de obtener su pase en el torneo continental. "Sin dudas y sin miedo" y "Hágase en mí tu voluntad" son las frases que se repite antes de cada competencia.

Además de ser multimedallista centroamericana y panamericana, la joven deportista tiene muy presente que su educación y prepararse es una parte fundamental en su desarrollo. Es por eso que decidió estudiar la licenciatura en Relaciones Internacionales y la maestría en Finanzas. Actualmente se encuentra en la búsqueda de poder representar a México en los próximos Juegos Olímpicos y es una de las exponentes más importantes de la esgrima nacional en los últimos tiempos.

MOMENTO CANON

"Cuando vi la esgrima por primera vez. A los 10 años, mientras buscaba un deporte que practicar, una amiga de mi mamá me invitó a conocerlo. Ese día mi vida cambió, ya que fue cuando me enamoré de esta disciplina".

KRYPTONITA
(Algo a lo que no te puedas resistir)

Los bebés y el pan.

PLACER CULPOSO

Ponerle limón a casi toda mi comida, incluyendo los frijoles. Pero curiosamente no me gusta el pay de limón.

LO QUE MÁS TE HACE FELIZ

Pasar tiempo con mi familia.

LO QUE MÁS TE ENTRISTECE

Las injusticias.

PERSONAS QUE ADMIRAS

Eduardo Vélez (tirador con arco y mi esposo) y a mis papás.

SUPERHÉROE FAVORITO

Black Widow. Es una persona que entrenó mucho y logró tener grandes habilidades y porque, a pesar de que su pasado fue muy difícil, se dedica a salvar vidas y busca la manera de que los demás no pasen por lo que ella pasó.

CANCIÓN PARA PONERSE EN MOOD DE SUPERHÉROE

"Unstoppable" (Sia).

CONSEJO A LOS SUPERHUMANOS EN ENTRENAMIENTO:

"Si todos los días eres un por ciento mejor, al final serás 365 por ciento mejor que el año pasado".

PELÍCULA FAVORITA

Guardianes de la Galaxia.

 @Nataly Michel Silva
 @natalymichel_

CECI TAMAYO

ALIAS: La Gacela.

DEPORTE: Atletismo, velocista en 100 y 200 metros.

LUGAR DE NACIMIENTO: León, Guanajuato.

SUPERPODER: Ser la mujer más veloz en la historia de México en distancias cortas.

TALENTOS Y CUALIDADES: Determinación, tenacidad, capacidad de análisis en momentos de crisis y fortaleza mental.

"Cuando tengas momentos difíciles recuerda que los diamantes se forjan bajo presión".

Desde chiquita fue muy deportista porque a su familia le gustaba que ella y sus tres hermanos complementaran sus días con una actividad física. Se considera muy competitiva y disfruta los retos por lo que representan física y mentalmente.

A los seis años empezó con el atletismo, pero lo dejó un tiempo para explorar otros deportes —natación, básquetbol, gimnasia y tenis— con excelentes resultados. A los 14 regresó al atletismo por la adrenalina y emoción que le brindaba. En 2013 debutó en el Campeonato Mundial Juvenil en Ucrania donde compitió en la categoría Sub-16 en las pruebas de 100 y 200 metros planos. Desde entonces ha roto récords nacionales como la más rápida de México en las categorías Sub-16, Sub-18, Sub-20 y absoluto. En 2014 fue top 10 mundial en los 100 metros planos en los Juegos Olímpicos de la Juventud celebrados en China.

Para su etapa universitaria decidió entrenar con uno de los atletas olímpicos más grandes de toda la historia: Carl Lewis, *el Hijo del viento*. Su primer año en la Universidad de Houston —donde estudió la licenciatura en Programación en Sistemas Computacionales— fue de retos que la forjaron para poder alcanzar lo que ha logrado. En 2021 rompió el récord nacional —que llevaba más de 20 años imbatible— en 200 metros y repitió esa hazaña dos veces más en 2023.

La velocista leonesa ha ganado cinco Campeonatos Nacionales absolutos en 100 y 200 metros, más cuatro en categorías Juveniles, donde ha sido invencible.

Para Ceci no hay rival más grande que ella misma, por lo que busca superarse y dar lo mejor de sí en cada entrenamiento. Actualmente, entre sus objetivos se encuentran romper el récord de 100 metros planos y clasificarse a sus primeros Juegos Olímpicos.

MOMENTO CANON

"Cuando era niña vi a Ana Gabriela Guevara compitiendo en unos Juegos Olímpicos en televisión. En ese momento le dije a mi mamá: 'Yo puedo correr más rápido, sé que puedo hacerlo, quiero ir a unos Juegos Olímpicos'".

KRYPTONITA

(Algo a lo que no te puedas resistir)

Cualquier cosa que tenga Nutella.

PLACER CULPOSO

Dormir hasta tarde y jugar videojuegos.

LO QUE MÁS TE HACE FELIZ

Pasar tiempo con amigos y familia.

LO QUE MÁS TE ENTRISTECE

No lograr mis metas, a pesar de todo el esfuerzo.

PERSONAS QUE ADMIRAS

Allyson Felix y Michael Jordan.

SUPERHÉROE FAVORITO

Wonder Woman porque es mujer fregona, la primera de la Liga de la Justicia. Batman es épico porque, a pesar de no tener la necesidad, ayuda a las personas.

CANCIÓN PARA PONERSE EN MOOD DE SUPERHÉROE

"Immortals" (Fall Out Boy) o "Legends Are Made" (Sam Tinnesz).

CONSEJO A LOS SUPERHUMANOS EN ENTRENAMIENTO:

"Si tienes un sueño, persíguelo. No importa cuántas veces te caigas. Si es algo que te apasiona, vale la pena levantarse todas las veces que sean necesarias hasta alcanzarlo. Sé competitivo, pero también aprende a disfrutar el momento".

PELÍCULA FAVORITA

El precio del mañana.

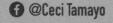 @Ceci Tamayo   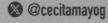 @cecitamayog   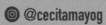 @cecitamayog   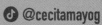 @cecitamayog

STEFFY ARADILLAS

ALIAS: Steffy, Ardi, Wiff.

DEPORTE: Softbol.

LUGAR DE NACIMIENTO: Ciudad de México.

SUPERPODER: Lanzar tan rápido que parece que salen llamas, batear hasta el infinito y cachar hasta lo imposible.

TALENTOS Y CUALIDADES: Resiliencia, dedicación, versatilidad y sentido del humor.

> "El secreto de la vida es muy sencillo... ¡Chíngale!".
> (Odin Dupeyron)

Sus papás quisieron que, desde pequeña, practicara varios deportes como natación, gimnasia, tenis y karate. Convivir y jugar con niñas y niños de su edad la mantenía contenta y activa. Un día, llevaron a su hermano mayor a practicar beisbol y ella lo vio jugar desde las gradas. Después de muy poquito tiempo, les dijo a sus papás que ella también quería jugar beisbol. Ellos sonrieron y le cumplieron su deseo. Así fue como Steffy empezó a jugar a los cuatro años. En ese entonces no existían equipos de mujeres en el beisbol, por lo que tuvo que jugar en un equipo de niños, donde destacó rápidamente.

Con el tiempo representó a su liga, después a su ciudad y luego recibió una invitación para representar a su país cuando tenía nueve años. "Steffy, vas a ser parte del equipo mexicano que va al Mundial de beisbol" (iba a ser la única niña). Pero días después le dieron una noticia triste: "No vas a poder ir porque eres mujer y el beisbol es para hombres". Steffy decidió cambiar de deporte y practicar softbol, muy parecido al beisbol, pero más rápido y con distancias más cortas. Ahora iba a poder jugar en un equipo de mujeres. "Me cambié al softbol porque aquí sí voy a poder representar a México en un Mundial". Después de mucho esfuerzo, recibió una invitación para hacer las pruebas para el equipo nacional de softbol y logró quedar en la lista final de la Selección Mexicana; a los 15 años, Steffy empezó a representar a su país y se convirtió en la jugadora más joven en ser parte de la selección mayor. Dos años más tarde cumplió su sueño de representar a México en un Mundial. Además, ha participado en Juegos Centroamericanos y del Caribe, Juegos Panamericanos, Mundiales y en los Juegos Olímpicos de Tokio 2020.

MOMENTO CANON

"Poder representar a México en el evento deportivo más importante del mundo al lado de los mejores atletas, medirme y jugar al tú por tú defendiendo los colores de mi bandera. Cantar el Himno Nacional con tanta emoción que la piel se me puso chinita".

KRYPTONITA

(Algo a lo que no te puedas resistir)

Unos taquitos de pastor con mucho limón y salsa roja.

PLACER CULPOSO

El guacamole, aunque no me gusta el aguacate solo.

LO QUE MÁS TE HACE FELIZ

Abrazar a mis seres queridos.

LO QUE MÁS TE ENTRISTECE

Cuando mis perritos se enojan conmigo porque los dejo solos mucho tiempo.

PERSONAS QUE ADMIRAS

Mi mamá, mi papá y mi hermano.

SUPERHÉROE FAVORITO

La Mujer Maravilla porque entrenó muy duro, usa sus habilidades para hacer el bien y porque cree en la bondad de las personas.

CANCIÓN PARA PONERSE EN MOOD DE SUPERHÉROE

"El mariachi loco" (con esta canción salgo a batear y me pongo en modo "México vs. quien esté enfrente").

CONSEJO A LOS SUPERHUMANOS EN ENTRENAMIENTO:

"Inténtalo, atrévete a hacer eso que te gusta, lo que te emociona y, si te equivocas, NO PASA NADA, lo puedes volver a intentar".

PELÍCULA FAVORITA

Duelo de titanes.

f @Steffy Aradillas   X @steffyaradillas   @steffy.aradillas   @steffy.aradillas

LENIA RUVALCABA

ALIAS: Nunca dejó que le pusieran uno.

DEPORTE: Judo paralímpico, débiles visuales.

LUGAR DE NACIMIENTO: Guadalajara, Jalisco.

SUPERPODER: La deficiencia en la vista le ha agudizado todos los demás sentidos.

TALENTOS Y CUALIDADES: Compromiso, determinación, fortaleza mental y entrega.

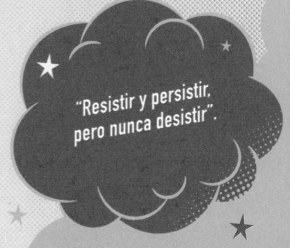

"Resistir y persistir, pero nunca desistir".

Para gastar toda la energía que tenía, desde pequeña salía a correr afuera de su casa. Un día, luego de escuchar la frase "Si vienes a este torneo vas a poder ir de viaje a Mérida todo pagado", el judo se convirtió en parte de su vida. Con solo 12 años, Lenia aceptó el reto y, como ama viajar y conocer nuevas personas, puso manos a la obra. Así, poco a poco, fue enamorándose del deporte.

Cuando descubrió que le motivaba la idea de ganar una medalla, su entrenador Agustín le dijo que todo era posible siempre y cuando se comprometiera con sus entrenamientos y fuera mejorando día con día. Comenzó su carrera en la selección de judo convencional, pero a los 19 años un entrenador se percató de que tenía una discapacidad visual. Lenia estaba consciente de que no veía bien, pero hasta que le realizaron los estudios adecuados supo que tenía una condición especial. Sin embargo, decidió seguir compitiendo como deportista convencional y ganó el Campeonato Nacional en 2004.

En 2005 debutó en el deporte adaptado. Ese mismo año le ganó a la subcampeona paralímpica y comenzó su meteórica carrera. En los Juegos Paralímpicos de Beijing 2008 ganó medalla de plata, pero al perder la presea de bronce en los de Londres 2012, decidió retirarse un tiempo.

Después de muchos retos, años de entrenamiento y momentos difíciles, regresó y finalmente logró ganar su preciada medalla de oro en los Juegos de Río 2016. Posteriormente consiguió su primer Campeonato Mundial.

Luego de obtener una medalla de bronce en los Juegos Paralímpicos de Tokio 2020, la atleta decidió retirarse de nuevo.

Actualmente Lenia sigue trabajando a favor del deporte nacional y busca fomentar el judo como pilar fundamental en el desarrollo de las nuevas generaciones de deportistas.

MOMENTO CANON

"Cuando me fui a vivir al Comité Olímpico Mexicano a los 15 años y tuve la fortuna de convivir con grandes figuras (Ana Gabriela Guevara, Víctor Estrada, Fernando Platas) me di cuenta de que yo también podía y busqué llegar al nivel de los más grandes".

JORGE LUIS MARTÍNEZ

ALIAS: Jorge Marmor.

DEPORTE: Patinaje de velocidad.

LUGAR DE NACIMIENTO: Hermosillo, Sonora.

SUPERPODER: Ser el más veloz sobre la tierra en patines.

TALENTOS Y CUALIDADES: Diciplina, resiliencia, ser el mejor amigo que se pueda tener en el mundo.

"El amor es la respuesta".

Jorge recuerda haber pasado muchas noches de su niñez en una oficina de hospital público en compañía de sus dos hermanas, de seis y ocho años, mientras esperaban a que su mamá, una enfermera muy responsable, terminara de trabajar. Él tenía cuatro años.

Llegó a practicar beisbol, futbol, natación, karate… y era malísimo en todos. Sin embargo, sabía que podía correr muy rápido. Jorge asegura que era un niño flaco y cabezón. Sus primeros patines eran de color negro con ruedas moradas y fueron un regalo de Navidad que recibió a los seis años. Le encantaba jugar carreritas con sus vecinos y era tanto su gusto que hasta se acabó los patines de sus hermanas mayores. El patinaje en ese momento era solo un juego que le brindaba alegría. En ese entonces, su mamá se enteró de la existencia del patinaje de velocidad como deporte y, cuando Jorge tenía 12 años, lo llevó a su primer entrenamiento. Su emoción fue tal que recuerda haberle echado aceite de cocina a los baleros de sus patines porque quería ser el más rápido y pensaba que eso podría funcionar. (Nota: tuvieron que prestarle otros patines, no intenten este truco en casa). En ese momento se enamoró del deporte, del dolor de piernas, del aire que sentía en la cara al patinar y encontró su pasión. Cuando se sentía adolorido y cansado, su mente intentaba traicionarlo. Pero tenía una meta: ser campeón mundial. Antes de él, el deporte en México no tenía un nivel de competencia mundial, pero a Jorge no le importó y trabajó día y noche para ser un referente a nivel nacional e internacional. Actualmente tiene 17 años siendo el número uno de México y logró ser campeón mundial en 2016. Además, lleva una década en el ranking de los 10 mejores patinadores del planeta.

MOMENTO CANON

"Cuando fui a mi primer mundial juvenil y tanto mis compañeros de México como yo nos dimos cuenta de que estábamos en un nivel muy bajo en comparación con los demás países. Sabíamos que queríamos cambiar eso y llegar a ser de los mejores del mundo".

AMALIA PÉREZ

ALIAS: La Hormiga Atómica, la Reina, Chingona.

DEPORTE: Para powerlifting.

LUGAR DE NACIMIENTO: Ciudad de México.

SUPERPODER: Ser la atleta paralímpica más fuerte en la historia del mundo.

TALENTOS Y CUALIDADES: Tenacidad, concentración y resistencia al dolor.

"Decide despegar para poder volar".

Debido a un accidente que sufrió su mamá, Amalia nació con una discapacidad a los seis meses de gestación, en el marco de una familia numerosa formada por 12 hermanos. Sin embargo, más que una limitante, su condición física fue una motivación y, a los seis años de edad, comenzó a nadar. Al ingresar a una escuela para personas con discapacidad motora, conoció el deporte adaptado y aprendió que puede llevar una vida lo más normal posible. Siempre amante de los deportes, a los 13 años empezó a competir en todas las disciplinas posibles: tenis de mesa, tiro con arco, natación y basquetbol.

A los 18 comenzó a practicar Para powerlifting, deporte que le cambiaría la vida y en el que iniciaría una fructífera carrera. En los Juegos Paralímpicos de Sídney 2000 consiguió su primera medalla de plata. Posteriormente participó en los juegos de Atenas, Pekín, Londres, Río de Janeiro y Tokio, campeonatos en los que ha acumulado dos preseas de plata y cuatro de oro. Estos logros la ubican como la mejor atleta paralímpica de la historia, con más de 13 medallas mundiales.

Actualmente, a sus 50 años, Amalia mantiene los récords mundiales y continentales de su especialidad y, por si fuera poco, desde hace más de 20 años es la campeona nacional absoluta. Además, busca llegar a sus séptimos Juegos Olímpicos en París 2024. Para la atleta, la escuela también es muy importante y por ello estudió la carrera de Programador analista y está certificada como coach. Hoy en día una de sus motivaciones consiste en buscar el récord de contar con el mayor número de medallas en más juegos diferentes a la par de que se encuentra preparando a las nuevas generaciones de su deporte.

MOMENTO CANON

"Cuando era pequeña vi competir a Nadia Comăneci y de ahí nació mi sueño de asistir a una justa olímpica. No entendía la división entre deporte convencional y adaptado".

KRYPTONITA

(Algo a lo que no te puedas resistir)

Una buena canción.

PLACER CULPOSO

La música metal.

LO QUE MÁS TE HACE FELIZ

Disfrutar el proceso de todo lo que emprendo e impulsar a las nuevas generaciones.

LO QUE MÁS TE ENTRISTECE

Las injusticias.

PERSONAS QUE ADMIRAS

Nadia Comăneci.

SUPERHÉROE FAVORITO

Thor, porque hace justicia a la vida y ayuda a la sociedad.

CANCIÓN PARA PONERSE EN MOOD DE SUPERHÉROE

"Du hast" (Rammstein)

PELÍCULA FAVORITA

Karate Kid.

CONSEJO A LOS SUPERHUMANOS EN ENTRENAMIENTO:

"Que mantengan la disciplina, se respeten y que tengan una buena actitud desde el momento que empiezan su día".

 @amalia_perez_mex

MARTHA ALEJANDRA CASTILLO

ALIAS: Flaquis, Capi.

DEPORTE: Basquetbol profesional, Basquet 3x3.

LUGAR DE NACIMIENTO: Guadalajara, Jalisco.

SUPERPODER: Tirar con puntería extrema a larga distancia bajo presión, ser la mejor defensiva.

TALENTOS Y CUALIDADES: Alegre, auténtica y dar siempre el 110 por ciento.

"Actitud más que aptitud".

Alex, como le gusta que le digan sus seres más cercanos, nació y creció en Guadalajara. Desde chiquita era muy apegada a su abuelita y a su familia extendida (tíos, primos, abuelos…). Sus papás, ambos procedentes de familias grandes, siempre le inculcaron el valor de la convivencia familiar y el trabajo en equipo. Cuando tuvo que mudarse a otra ciudad y otro estado, lejos de su familia, ella encontró por medio del basquetbol la forma de conocer personas y hacer nuevos amigos: en la búsqueda por adaptarse a su nueva comunidad, en este deporte descubrió una forma de expresarse que le ayudó a quitarse los miedos. Alex se caracteriza por ser una líder dentro y fuera de la cancha para el equipo en el que juegue y demuestra que una sola voluntad puede influir positivamente en 12 voluntades más para lograr alinearlas al mismo objetivo. También ha logrado demostrar que un buen líder puede transformar las vidas, para bien, de todos los que lo rodean, que un capitán siempre predica con el ejemplo y nunca deja a nadie atrás. Pasó por todas las categorías inferiores y, gracias a sus habilidades, recibió la oportunidad de estudiar con una beca deportiva la carrera de Diseño Industrial en el ITESM Campus León donde la *Capi* logró medallas nacionales y reconocimientos a "la jugadora más destacada". Poco tiempo después se integró a la naciente Liga Profesional de Baloncesto Femenil de México en el equipo Mieleras de Guanajuato, con quienes ha sido pieza fundamental en la obtención de tres campeonatos nacionales y dos subcampeonatos, siendo el equipo profesional femenil de baloncesto más ganador en la historia del país. Además, ha participado en torneos internacionales de Baloncesto 3X3 representando a México.

MOMENTO CANON

"Cuando me lesioné en mi primer llamado de Selección Estatal y, a pesar de que no podía entrenar, mi papá me seguía llevando todos los días para que pudiera comprender que era parte de un equipo y podía aportar aunque no estuviera en la cancha".

KRYPTONITA

(Algo a lo que no te puedas resistir)

Estar con mi familia.

PLACER CULPOSO

La mayonesa.

LO QUE MÁS TE HACE FELIZ

Compartir mi alegría con los demás y las cosas simples de la vida.

LO QUE MÁS TE ENTRISTECE

Estar en malos términos con alguna persona.

PERSONAS QUE ADMIRAS

Will Smith por su transparencia y autenticidad.

SUPERHÉROE FAVORITO

Mulan (Disney). A pesar de los estereotipos que le impone la sociedad, intenta hacer las cosas y protege a su familia.

CANCIÓN PARA PONERSE EN MOOD DE SUPERHÉROE

"Lucha de gigantes" (Nacha Pop).

CONSEJO A LOS SUPERHUMANOS EN ENTRENAMIENTO:

"Sean dedicados, respetuosos y siempre valoren el tiempo de las personas que les ayudan (papás, familia, entrenadores). Las cosas suceden en el momento justo, no te desesperes".

PELÍCULA FAVORITA

Golpe bajo y Gigantes de acero.

@marale_illo

VIRI ÁLVAREZ

ALIAS: Viri.

DEPORTE: Alpinismo.

LUGAR DE NACIMIENTO:
Aguascalientes,
Aguascalientes.

SUPERPODER: Soñar más alto
que el Everest.

TALENTOS Y CUALIDADES:
Resistencia física
y mental. Poder subir
a las cimas más altas
del planeta.

"Cuando la mente está lista, el cuerpo le sigue. Los sueños sí se cumplen, pero hay que ir tras de ellos".

Aunque de niña no fue atlética, Viri es un ejemplo de que, sin importar la edad, cualquier persona es capaz de llevar a cabo las acciones más extraordinarias si así se lo propone. Con ello, es posible romper paradigmas. La historia de Viri, o más bien la parte buena de su historia, comienza cuando tenía 28 años. Ella era una persona con una vida y trabajo normales. Sin embargo, su mentalidad y sueños eran algo fuera de lo común. A esa edad comenzó a hacer ejercicio y se puso como meta lograr lo que muy pocas personas en el mundo: llegar al punto más alto del planeta Tierra. En ese momento soñó con escalar el Monte Everest y decidió renunciar a la comodidad de un trabajo para adentrarse en el llamado que la montaña le hizo. El camino no fue fácil, y más porque sabía que ser alpinista era un desafío 80% mental y 20% de habilidad física y que las condiciones que podría encontrar en una montaña son un reto hasta para las personas más hábiles del mundo. Empezó a prepararse mental y físicamente y, a los 30 años, conquistó su primera cumbre: el Pico de Orizaba. Una vez que pudo observar parte de su país desde el punto más elevado de México, Viri no paró y siguió adelante hasta alcanzar la cumbre del Everest en 2017. Después de cumplir ese sueño, decidió seguir recorriendo las cimas más imponentes del mundo y en 2019 consiguió el Récord Guinness por ser la persona en subir más rápido las tres cumbres más altas del planeta (Everest, K2 y Kanchenjunga). Eso no la detuvo y siguió adelante hasta conquistar las 14 montañas más altas del orbe, logrando ser la séptima mujer en la historia en conseguirlo. Así se consolidó como la mejor alpinista de México en la historia y una de las mejores del mundo.

MOMENTO CANON

"Con las piernas temblando de cansancio y, a unos pasos de llegar a la cima de la primera montaña que subí: el Pico de Orizaba (la más alta de México), fue donde me sentí como en casa, donde todo tenía sentido, tanto el riesgo como el esfuerzo".

KRYPTONITA

(Algo a lo que no te puedas resistir)

Encontrar nuevos retos.

PLACER CULPOSO

La ópera, la cantaba desde niña, muy desafinada.

LO QUE MÁS TE HACE FELIZ

Ponerme un reto, cumplirlo y compartirlo con mi familia.

LO QUE MÁS TE ENTRISTECE

Las guerras y ver a las personas que dejan a un lado a su familia por ir detrás de cosas materiales.

PERSONAS QUE ADMIRAS

Gandhi porque luchó por su pueblo y entregó su vida a cambio.

CANCIÓN PARA PONERSE EN MOOD DE SUPERHÉROE

"Miss Sarajevo" (U2).

SUPERHÉROE FAVORITO

Batman porque es un personaje que me gustaba mucho de niña. Disfrutaba el momento en que hacía justicia y siempre ganaban los buenos.

CONSEJO A LOS SUPERHUMANOS EN ENTRENAMIENTO:

"Aférrate a tus sueños, no permitas que ningún adulto te diga que no puedes hacerlo. Cree en ti, ese será un superpoder muy importante para sobrevivir y llegar a tu sueño. Atrévete y recuerda que el fracaso será no intentarlo, así que inténtalo hasta lograrlo".

PELÍCULA FAVORITA

El guerrero pacífico.

CARLOS SANSORES

ALIAS: Cancún (igual que el lugar donde nació).

DEPORTE: Taekwondo.

LUGAR DE NACIMIENTO: Cancún, Quintana Roo.

SUPERPODER: Precisión con los puños y las patadas.

TALENTOS Y CUALIDADES: Perseverancia, disciplina y ser empático.

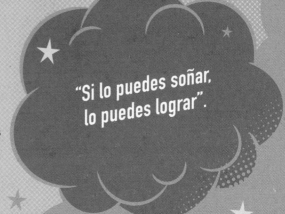

"Si lo puedes soñar, lo puedes lograr".

Cuando Carlos era niño, solía ser objeto de burlas porque era gordito. Ya en la secundaria, sus ganas de tener amigos y ser reconocido comenzaron a crecer. Por consejo de sus padres, se inició en la práctica del taekwondo, con la que encontró a una familia y un lugar de pertenencia. Sin embargo, llegar al deporte que le cambiaría la vida no fue fácil. Primero intentó en la lucha olímpica y después en el futbol, experiencias que le sirvieron para darse cuenta de que su verdadera pasión estaba en otro lado.

Desde que llegó al taekwondo, los valores que se inculcan en este deporte hicieron click con él. En su primera Olimpiada Nacional, Carlos ganó una medalla de plata y, debido a sus resultados, muchas personas se empezaron a acercar a él. Ahí, el deporte se transformó en una posible profesión. Descubrir que podía representar a su país lo motivó a seguirse desarrollando. Se propuso ser el mejor en su disciplina, en la que ha acumulado tres finales mundiales, así como dos medallas de plata y una de oro. El taekwondoí ganó el Campeonato Mundial de Guadalajara 2022, uno de los instantes más entrañables de su exitosa carrera porque, después de 15 años compitiendo, por fin su papá pudo verlo representar a México en vivo. A pesar de haber sido uno de los favoritos para ganar una medalla en los Juegos Olímpicos de Tokio 2020, esto no sucedió; sin embargo, Carlos no se rindió y decidió seguir adelante. Tiempo después, el joven deportista se subió nuevamente al podio para recibir su tercera presea mundial: una medalla de plata en el Campeonato Mundial de Taekwondo 2023 en Bakú, Azerbaiyán. Además, ganó medalla de oro en los XIX Juegos Panamericanos de Santiago 2023 y ya está clasificado a los Olímpicos de París 2024.

MOMENTO CANON

"El día que gané mi primera medalla internacional por toda la satisfacción que esto significaba para mí y para México".

KRYPTONITA
(Algo a lo que no te puedas resistir)
Pizza de pepperoni con orilla de queso.

PLACER CULPOSO
Ver Shrek 2.

LO QUE MÁS TE HACE FELIZ
Motivar a las generaciones que van empezando en el deporte.

LO QUE MÁS TE ENTRISTECE
Que las personas se quieran rendir.

PERSONAS QUE ADMIRAS
Keanu Reeves porque, a pesar del éxito, no pierde la humildad.

SUPERHÉROE FAVORITO
Batman porque aunque no tiene poderes eso no es impedimento y además siempre busca un equilibrio entre lo bueno y no tan bueno.

CANCIÓN PARA PONERSE EN MOOD DE SUPERHÉROE
"El Rey" (Vicente Fernández).

PELÍCULA FAVORITA
Siempre a tu lado, Hachiko

CONSEJO A LOS SUPERHUMANOS EN ENTRENAMIENTO:
"Nunca te rindas… en algún momento, el trabajo duro que hagas se va a ver reflejado en tu vida diaria y en el deporte que practiques. Lucha siempre por ser mejor: tarde o temprano, la vida te va a dar una recompensa".

@carlossansores97

MONTSE MEJÍA

ALIAS: Mon.

DEPORTE: Raquetbol.

LUGAR DE NACIMIENTO:
San Luis Potosí, San Luis Potosí.

SUPERPODER: Poder sostener un juego intenso de cualquier deporte de raqueta por tiempo indefinido y ganar partidos imposibles.

TALENTOS Y CUALIDADES:
Resiliencia y perseverancia.

"Siempre sueña a lo grande y nunca dejes de creer en lo que eres capaz porque algún día tu sueño se hará realidad".

Montse empezó practicando natación y futbol, ya que desde muy pequeña ha sido supercompetitiva en cualquier deporte. A los cinco años, gracias a la influencia de su hermano mayor, a quien define como su superhéroe deportivo, comenzó a jugar raquetbol. A la corta edad de 10 años participó en su primera competencia internacional, la cual recuerda como una de las más importantes de su vida, ya que ahí se dio cuenta de que el cielo es el límite y que, si se lo proponía, podía llegar muy lejos. Siguió contendiendo y ganando competencias nacionales (obteniendo varias medallas de primer lugar), pero internacionalmente se le complicaba alcanzar la tan deseada medalla de oro. Tener que esforzarse y dar lo mejor de sí para poder conseguir una presea dorada la motivaba más y la impulsaba a no darse por vencida.

A los 15 años, recién graduada de la secundaria, le dieron la oportunidad de irse becada a entrenar a Monterrey, Nuevo León, por lo que, junto con su familia, tomó la difícil decisión de empezar una nueva vida. Fueron años en los que Montse únicamente se enfocó al estudio y a sus entrenamientos, pero tanto esfuerzo rindió frutos cuando, a los 18 años, logró conquistar su Primer Campeonato Mundial Juvenil y todavía el siguiente año lo repitió. Apasionada también por sus estudios, la joven decidió empezar la carrera de Odontología en un año que sabía sería difícil porque empezaría a competir contra las mejores del mundo. En ese entonces ganó el Campeonato Nacional y se clasificó para sus primeros Juegos Panamericanos en Lima, Perú.

A los 21 años ganó su primer trofeo Grand Slam y actualmente es la número uno del mundo. Se sigue preparando para continuar siendo la mejor en su deporte y es cirujano dentista recién graduada.

MOMENTO CANON

"Cuando vi a mi hermano mayor practicando raquetbol y deseé ser igual y todavía más buena que él. Cada vez que entraba a la cancha, su determinación y habilidad me inspiraban a esforzarme más".

KRYPTONITA

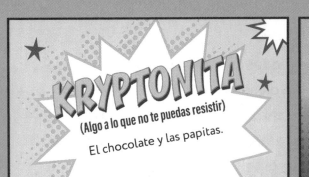

(Algo a lo que no te puedas resistir)

El chocolate y las papitas.

PLACER CULPOSO

Las canciones de José José y bailar aplaudiendo como señora.

LO QUE MÁS TE HACE FELIZ

Estar con mi familia.

LO QUE MÁS TE ENTRISTECE

Perderme eventos familiares.

PERSONAS QUE ADMIRAS

Roger Federer.

SUPERHÉROE FAVORITO

Superman porque nunca se da por vencido.

CANCIÓN PARA PONERSE EN MOOD DE SUPERHÉROE

"Without Me"
(Eminem)

CONSEJO A LOS SUPERHUMANOS EN ENTRENAMIENTO:

"Los errores y derrotas nos hacen más fuertes, ya que siempre hay un aprendizaje. Y fuera de entrenamiento, valoren mucho lo que tienen y cuídenlo. Lo mejor es darse cuenta de lo que tienen antes de que lo pierdan".

PELÍCULA FAVORITA

Corazón de campeón.

🅕 @Montse Mejia   📷 @montsemejia2

JESSY SALAZAR

ALIAS: Yisus.

DEPORTE: Ciclismo de velocidad.

LUGAR DE NACIMIENTO: Guadalajara, Jalisco.

SUPERPODER: Ser la mujer más rápida del mundo sobre una bicicleta.

TALENTOS Y CUALIDADES: Perseverancia, esfuerzo, fortaleza mental, no dejarse vencer por las adversidades.

"La disciplina, tarde o temprano, vencerá al talento".

Hija de una familia muy ocurrente, formada por sus papás Beto y Lore, sus tres hermanos mayores y su hermanita Fer, Jessy conoció, a los 12 años, el deporte en el que ha triunfado. En ese entonces decidió empezar a practicarlo en montaña, pero a los 15 años cambió a la modalidad de ciclismo BMX, en la que compitió en sus primeras pruebas internacionales. Después de una lesión en la rodilla y motivada porque la figura mexicana del ciclismo en pista Daniela Gaxiola estaba buscando una compañera de equipo y esta última le comentó que contaba con las características necesarias para poder destacar en la pista, Jessy, junto con su entrenador de toda la vida, Iván Ruiz, decidió hacer el cambio al ciclismo de velocidad en 2015. Dani no se equivocó al presagiar un buen futuro para Jessy, ya que, a un año de haber realizado el cambio de modalidad, la atleta jalisciense consiguió el récord del mundo y el Guinness como la mujer más rápida en la prueba de 500 metros contrarreloj justo en un campeonato panamericano en Aguascalientes, México. 32.368' segundos es el tiempo que tiene más de ocho años vigente y sin poderse romper. Jessy no se conformaría con eso y muestra de ello son las diez medallas panamericanas de oro que ha ganado y haber obtenido la posición número uno del ranking mundial en 2019. En 2020 consiguió su primera medalla mundial y logró colocarse como la subcampeona del mundo. Por cuestiones del destino, Jessy aún tiene la cuenta pendiente de representar a México en los próximos Juegos Olímpicos y poner la bandera nacional muy en alto. Ella compagina los entrenamientos con sus estudios de Ingeniería en Gestión Empresarial y además se prepara día a día para dar siempre lo mejor de sí.

MOMENTO CANON

"El día que rompí el récord mundial.
Cuando me bajé de la bici y vi el tiempo y que eso significaba algo nunca antes visto, no lo podía creer".

KRYPTONITA

(Algo a lo que no te puedas resistir)

Los perros bulldog francés, por sus orejas paraditas y su nariz chata.

PLACER CULPOSO

Tacos de cualquier tipo.

LO QUE MÁS TE HACE FELIZ

Ponerme un objetivo y alcanzarlo, ya sea a corto o largo plazo.

LO QUE MÁS TE ENTRISTECE

Saber que México tiene un gran potencial para cualquier cosa y que sus recursos no sean aprovechados.

PERSONAS QUE ADMIRAS

Ryan Reynolds y Mariana Pajón.

SUPERHÉROE FAVORITO

Deadpool porque siempre toma las cosas de manera positiva y de cierto modo lo transforma en algo favorable.

CANCIÓN PARA PONERSE EN MOOD DE SUPERHÉROE

"King Without a Crown" (Matisyahu).

PELÍCULA FAVORITA

¿Qué culpa tiene el niño?

CONSEJO A LOS SUPERHUMANOS EN ENTRENAMIENTO:

"Ser siempre un atleta honesto, humilde y disciplinado. Disfruta de cada etapa de tu vida deportiva al máximo porque nunca te imaginarás hasta donde puedes llegar haciendo todo con pasión".

𝕏 @JessySalazarV　　　📷 @jessy.salazarv

DONOVAN CARRILLO

ALIAS: Doni.

DEPORTE: Patinaje sobre hielo.

LUGAR DE NACIMIENTO: Zapopan, Jalisco.

SUPERPODER: Dominio del hielo y bailar a temperaturas extremadamente bajas.

TALENTOS Y CUALIDADES: Resiliencia y constancia.

"No importan las adversidades que se te presenten, trabaja duro y nunca te rindas".

Todo comenzó en Zapopan con un niño muy inquieto. Donovan empezó su carrera como gimnasta y clavadista. Se confiesa amante del futbol, sobre todo del equipo Atlas, pero también como una persona con poca habilidad para los deportes que requieren el uso de un balón. Cuando era pequeño, Donovan llegó al patinaje por culpa del amor. Estaba enamorado de una de las compañeras de patinaje sobre hielo de su hermana mayor y por eso le pidió a sus papás que lo inscribieran a clases para poder estar cerca de su *crush* sin saber que él sería el que terminaría enamorándose del deporte. Cuando tenía 14 años cerraron la pista de hielo de Guadalajara y, con tal de seguir sus sueños de ser un patinador olímpico, Donovan decidió irse a vivir a León, Guanajuato, siguiendo a su entrenador de ese entonces. La idea era poder seguir preparándose. Fue una decisión difícil, pero sabía que el camino que él había escogido incluía ciertos sacrificios que estaba dispuesto a tomar. A los 15 años llegó a su primera competencia internacional. Con el paso del tiempo Donovan se convirtió en un embajador de la cultura mexicana, ya que sus rutinas suelen incluir canciones de grandes intérpretes nacionales. Además, sus trajes se caracterizan por ser coloridos y su chispa y carisma suelen iluminar cualquier lugar a donde va. En 2022 logró participar en los Juegos Olímpicos de Invierno de Beijing, China, donde consiguió una actuación histórica al ser el primer mexicano en clasificar a una final. Después de una operación de tobillo, Donovan regresó a las competencias internacionales y actualmente se encuentra con la mirada fija en buscar su clasificación a los próximos Juegos Olímpicos de Invierno 2026.

MOMENTO CANON

"En 2016 me hice viral por patinar al ritmo de Juan Gabriel con 'Hasta que te conocí'. A partir de ahí muchas personas voltearon a ver el patinaje nacional. Y aunque fue positivo, también tuve el primer encuentro con los *haters*, pero esa experiencia me formó".

KRYPTONITA

(Algo a lo que no te puedas resistir)

Yo mismo por ser mi mayor fortaleza y debilidad.

PLACER CULPOSO

Desvelarme viendo series y películas.

LO QUE MÁS TE HACE FELIZ

Patinar, deslizarme y sentirme libre por los movimientos del cuerpo.

LO QUE MÁS TE ENTRISTECE

Cuando no puedo patinar. Cuando recién me operaron fueron momentos difíciles.

PERSONAS QUE ADMIRAS

Canelo Álvarez.

CANCIÓN PARA PONERSE EN MOOD DE SUPERHÉROE

"Si tú te atreves" (Luis Miguel).

SUPERHÉROE FAVORITO

Flash porque le gusta correr y darle la vuelta al mundo en menos de un segundo.

CONSEJO A LOS SUPERHUMANOS EN ENTRENAMIENTO:

"Luchen por sus sueños y sin importar cualquier adversidad trabajen muy duro y nunca se rindan".

PELÍCULA FAVORITA

El camino del guerrero.

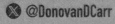 @DonovanDCarr   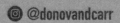 @donovandcarr   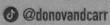 @donovandcarr

LUIS ÁLVAREZ

ALIAS: Ironman.

DEPORTE: Triatlón (Ironman), paracaidismo, alpinismo y buceo.

LUGAR DE NACIMIENTO: Ciudad de México.

SUPERPODER: Ser la persona con más fortaleza física y mental en el mundo.

TALENTOS Y CUALIDADES: No tener miedo al fracaso, ser resistente, resiliente y muy necio.

"Para mí no existe el fracaso, si tú intentas algo, o es éxito o es aprendizaje".

Luis era un niño muy carismático y ocurrente, pero algo gordito. Para él, su salud física y el ejercicio nunca fueron una prioridad. Sin embargo, en sus años universitarios se dio cuenta de que no quería ser una persona del montón y tampoco deseaba volver a ser el último en lo que hiciera (física o mentalmente), por ello puso manos a la obra. Decidió empezar a cumplir metas pequeñas: primero corrió los 2.5 km que lo habían vencido en la prueba de educación física en la universidad y de ahí siguió avanzando. Continuó con su carrera como empresario de la industria automotriz y a los 30 años se puso el reto de completar una de las pruebas de fortaleza mental más difíciles que existen en el mundo, un Full Ironman: 3.8 km de nado, 180 km de bicicleta y 42 km corriendo en un mismo día. Lograr esta meta no fue suficiente para él y decidió conseguir el récord del mundo de participar y completar todos los Ironman que existen en el planeta por lo menos una vez. Actualmente ha terminado más de 204 Ironman y no se detiene. La aventura es parte del ADN de Luis, por eso también decidió incursionar en el alpinismo y subir las siete montañas más altas del orbe. Cuando escaló el Monte Everest sufrió una ceguera provocada por el frío, por lo que tuvo que bajar de la montaña más alta sin uno de los sentidos vitales y confiando en las personas que lo acompañaban. Al recuperar la vista, y como un agradecimiento a la vida por haber regresado a salvo, decidió ser guía de personas invidentes para ayudarlas a realizar sus sueños de completar desafíos físicos. Dentro de sus actividades extremas se encuentra el nado en aguas abiertas, buceo con tiburones y cocodrilos, y paracaidismo, deporte en el que ha acumulado más de 500 saltos.

MOMENTO CANON

"Cuando me mudé a Monterrey, en una materia de la escuela no pude terminar la prueba de correr 2.5 km ni caminando y quedé en último lugar. Ahí experimenté el primer fracaso real de mi vida y por ello me puse como meta terminar una carrera de 10 km".

KRYPTONITA

(Algo a lo que no te puedas resistir)

Ver la televisión.

PLACER CULPOSO

Tomar una lata de leche condensada completa después de una competencia.

★ LO QUE MÁS TE HACE FELIZ

Ser agradecido, sorprenderme y disfrutar de las cosas pequeñas.

LO QUE MÁS TE ENTRISTECE

Hacerle caso a mi diablito con los "NO SE PUEDE" y buscar el placer a corto plazo.

PERSONAS QUE ADMIRAS

Mario Higuera porque es una persona que siempre busca hacer el bien.

SUPERHÉROE FAVORITO

IRON MAN porque tiene todo, es divertido y no es serio.

CANCIÓN PARA PONERSE EN MOOD DE SUPERHÉROE

"We are the Champions" (Queen).

PELÍCULA FAVORITA

Harry Potter... y de todo menos tragedia.

CONSEJO A LOS SUPERHUMANOS EN ENTRENAMIENTO:

"No le tengas miedo al fracaso, ni a la vergüenza ni a qué van a pensar de ti, acércate a las personas que tengan el conocimiento, pégate al que sí sabe. Y que no te altere aquello sobre lo que no tienes control".

ALEXA MORENO

ALIAS: Frijolito Saltarín, Aly, Ale.

DEPORTE: Gimnasia artística.

LUGAR DE NACIMIENTO: Mexicali, Baja California.

SUPERPODER: Saltar a alturas impresionantes y suspenderse en el aire como si volara.

TALENTOS Y CUALIDADES: Perseverancia, enfoque, determinación y perfeccionismo.

"Salta, cae y vuelve a saltar hasta que logres volar".

Cuando sus papás la vieron colgada en los columpios, poco antes de que cumpliera los tres años de edad, decidieron llevarla a clases de gimnasia. Empezó a competir a los ocho años en diversas Olimpiadas Nacionales y, desde que probó lo que se sentía al ganar una medalla, quiso replicar tantas veces como fuera posible ese sentimiento. De esta manera, Alexa Moreno dominó, durante ocho años consecutivos, la categoría en salto de caballo, aparato que se ha convertido en su especialidad. Uno de los momentos que más valora la atleta baja-californiana fue cuando a los 14 años, en su primera competencia internacional Pacific Rim, en Australia en 2010, logró subir al podio y obtener una medalla. Mientras se preparaba para los Juegos Panamericanos de Toronto sufrió un accidente en las barras asimétricas que le provocó una contusión y rotura de la órbita del ojo. Sin embargo, unos meses después logró ganar el Preolímpico de Gimnasia y así fue como clasificó a sus primeros Juegos Olímpicos en Río de Janeiro en 2016.

Después de permanecer un tiempo alejada de la gimnasia competitiva, en 2018 regresó a los más importantes escenarios internacionales y logró su primera medalla mundial en Doha, Qatar. Y aunque padeció lesiones en el hombro y ambos tobillos, más de tres contagios de covid y tifoidea, consiguió un histórico cuarto lugar en el mayor evento deportivo, en Tokio 2020. Además, la joven atleta ya cuenta con su pase a sus terceros Juegos Olímpicos en París 2024.

Actualmente, la gimnasta de alto rendimiento es una arquitecta graduada, le encanta asistir a clases de baile, es autora de su primer libro, *Alexa Moreno. Singular y extraordinaria*, y es considerada la mejor gimnasta mexicana de la historia.

MOMENTO CANON

"No creo que exista un solo momento 'canon'. Pienso que, a lo largo de nuestras vidas, experimentamos varios episodios importantes que influyen de manera determinante en nuestro desarrollo y evolución y que somos un cúmulo de experiencias y lecciones".

KRYPTONITA

(Algo a lo que no te puedas resistir)

K-pop.

PLACER CULPOSO

Escuchar la canción "Taki Taki".

★ LO QUE MÁS TE HACE FELIZ

Tener tiempo para hacer las cosas que me gustan.

LO QUE MÁS TE ENTRISTECE

Ver a las personas que más quiero en momentos vulnerables y no poder ayudarlas.

PERSONAS QUE ADMIRAS

Xiumin de EXO, porque desde sus días de *trainee* se ha esforzado por ser cada día mejor y llegar a sus metas.

SUPERHÉROE FAVORITO

Spiderman por su sentido del humor. Que sea un genio e invente sus propias herramientas, pero sea un adolescente que comete errores, lo hace *relatable*.

CANCIÓN PARA PONERSE EN MOOD DE SUPERHÉROE

"God's Menu" (Stray Kids).

PELÍCULA FAVORITA

Atrápame si puedes y Cómo entrenar a tu dragón.

CONSEJO A LOS SUPERHUMANOS EN ENTRENAMIENTO:

"No doy consejos porque ni yo los sé seguir".

MARÍA ESPINOZA

ALIAS: Chayito de Oro, María Bonita.

DEPORTE: Taekwondo.

LUGAR DE NACIMIENTO: Guasave, Sinaloa.

SUPERPODER: Ser la superdeportista más grande de la historia en México.

TALENTOS Y CUALIDADES: Enfoque en objetivos claros, tenacidad, fortaleza física y ser estratégica.

"Dar siempre el cien por ciento el cien por ciento de las veces".

Todo empezó por curiosidad y para ver qué deportes practicar mientras jugaba en su natal Guasave: así fue como llegó al taekwondo. Conforme fue creciendo, María descubrió su tremendo talento y potencial —"el diamante que tenía debajo de la roca"— y lo fue puliendo día tras día, en cada uno de sus entrenamientos. A los 15 años y gracias a la capacidad que demostró en una competencia más formal, fue seleccionada para participar en un torneo de eliminación en el que ganó no tanto por su técnica, sino por la fortaleza mental que manifestaba a tan corta edad. Por su potencial, recibió una invitación para vivir y entrenar en la academia de olímpicos en formación CNAR (Centro Nacional de Desarrollo de Talentos Deportivos y Alto Rendimiento) de la Ciudad de México, por lo que tuvo que dejar su natal Sinaloa y empezar una nueva aventura muy lejos de casa. Ella comparaba su etapa en el CNAR con el entrenamiento que tuvo que realizar Goku dentro de una cápsula para mejorar sus habilidades específicas y subir de nivel. Durante los siguientes años, María siguió preparándose, puliendo el diamante que era su habilidad en el taekwondo y se dio cuenta de que con su talento podía llegar a unos Juegos Olímpicos. Desde ese momento se enfocó en la meta no solo de llegar, sino de hacer su mejor papel y fue en Beijing 2008 donde María, con solo 20 años, salió victoriosa y consiguió una medalla olímpica de oro. Sin embargo, no le bastaba con ser la número uno en aquel momento, quería dejar un legado y ser la mejor de la historia. María consiguió medallas mundiales y logró participar en otros dos Juegos Olímpicos: Londres 2012 y Río 2016, donde consiguió un par de medallas más: bronce y plata, respectivamente.

MOMENTO CANON

"Cuando a los 15 años tomé la decisión de dejar atrás mi casa y mi familia con tal de irme a una nueva aventura para embarcarme en el alto rendimiento".

KRYPTONITA
(Algo a lo que no te puedas resistir)
Jugar cualquier deporte y competir.

PLACER CULPOSO
Las canciones "de señoras".

LO QUE MÁS TE HACE FELIZ
Estar en contacto con la naturaleza (bosque, playa).

LO QUE MÁS TE ENTRISTECE
Que a mi familia le pase algo.

PERSONAS QUE ADMIRAS
Joaquín Capilla y a las mujeres referencia en su vida.

SUPERHÉROE FAVORITO
Mujer Maravilla, por su historia y cómo se formó y entrenó día con día para ser la mejor.

CANCIÓN PARA PONERSE EN MOOD DE SUPERHÉROE
"Gonna Fly Now", de Bill Conti, con la que Rocky sube las escaleras.

PELÍCULA FAVORITA
Gladiador.

CONSEJO A LOS SUPERHUMANOS EN ENTRENAMIENTO:
"Siempre disfruten cada momento, diviértanse y, cuando haya que ponerse serios, hay que ponerse serios".

X @mariespinozatkd   @mariespinozatkd

SANTI GIMÉNEZ

ALIAS: Bebote.

DEPORTE: Futbol, delantero.

LUGAR DE NACIMIENTO:
Buenos Aires, Argentina.
Mexicano de corazón y por
convicción.*

SUPERPODER: Amplio dominio
del balón y ser uno de los
mejores atacantes en la zona
de anotación.

TALENTOS Y CUALIDADES:
Comprometido, responsable
y luchador ante las
adversidades.

"Imaginemos
cosas chingonas".
(Javier Hernández)

*Santi nos demuestra que no
importa dónde naciste, sino qué
país te hace vibrar.

Santiago Tomás Giménez es un futbolista mexicano que comenzó su carrera en el Cruz Azul, club donde debutó, creció y consiguió el campeonato de Liga como pieza fundamental. Dato curioso: Christian *el Chaco* Giménez, su papá, fue jugador profesional y vistió los colores del Cruz Azul al igual que él. Santi formó parte de la plantilla que consiguió la novena estrella (campeonato) del equipo cementero en la Liga MX en 2021. En su adolescencia, el *Bebote* tuvo un problema fuerte de salud y los doctores le aseguraron que tendría que dejar de jugar futbol. Sin embargo, en ese momento Santi puso su esperanza en Dios y tuvo fe de que, a pesar de lo poco alentador de los pronósticos médicos, él saldría adelante. Y así fue… Actualmente juega en el Feyenoord Rotterdam de la Eredivisie, Liga de Primera División de los Países Bajos, y con la Selección Nacional de México. Con el club neerlandés, el futbolista ha conseguido el título de Liga. Además, en su primera temporada, destacó por su potencia física, inteligencia en el terreno de juego y la gran mentalidad ganadora que tiene: logró anotar 23 goles, superando así el récord que poseía Javier *Chicharito* Hernández como el máximo anotador mexicano en su primera temporada en Europa. Con la Selección Nacional de México, Santi empezó a competir desde los 15 años en las categorías juveniles para después pasar a la selección mayor, pero quedó fuera de la lista mundialista de Qatar 2022. Esa decisión fue un golpe muy duro en su carrera deportiva, pero al mismo tiempo activó un fuego interno para seguir con sus metas. Seis meses después fue campeón en su primera Copa Oro, anotando el gol del triunfo en aquel partido agónico contra Panamá.

MOMENTO CANON

"Cuando sufrí de un coágulo
en el brazo izquierdo a mis 17 años
y me tuvieron que operar varias veces.
Pensé que mi carrera en el futbol
había llegado a su fin".

KRYPTONITA

(Algo a lo que no te puedas resistir)

La cumbia.

PLACER CULPOSO

Los videojuegos.

LO QUE MÁS TE HACE FELIZ

Estar en la cancha y jugar futbol.

LO QUE MÁS TE ENTRISTECE

Recordar mi último partido con Cruz Azul cuando no pude jugar los 90 minutos por una molestia física.

PERSONAS QUE ADMIRAS

Chaco Giménez, mi papá.

CANCIÓN PARA PONERSE EN MOOD DE SUPERHÉROE

"Cielito lindo".

SUPERHÉROE FAVORITO

Hulk.

CONSEJO A LOS SUPERHUMANOS EN ENTRENAMIENTO:

"Disfruten el proceso, que llegue la noche y puedan decir 'fue un día increíble'. Al final los resultados van a venir, todo pasa y los vas a recordar todos, entonces trata de gozar el presente".

PELÍCULA FAVORITA

Avengers: Endgame.

 @Santigim11   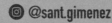 @sant.gimenez   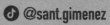 @sant.gimenez

RUT CASTILLO

ALIAS: Rutilia.

DEPORTE: Gimnasia rítmica.

LUGAR DE NACIMIENTO: Guadalajara, Jalisco.

SUPERPODER: Tener flexibilidad sobrehumana y la habilidad de bailar mientras domina objetos como listones, aros y pelotas.

TALENTOS Y CUALIDADES: Resiliencia, constancia y ser muy apasionada.

> "El cuerpo llega hasta donde la mente quiere".

Hija de una numerosa familia formada por nueve hermanos, Rut creció en un entorno en el que todos tenían que hacer alguna actividad física. Ella encontró en la gimnasia artística el deporte que quería practicar porque amaba dar piruetas en el aire. Sin embargo, su entrenador constantemente le pedía cambiarse a la gimnasia rítmica, ya que por su flexibilidad y ser flaquita tenía las condiciones necesarias para destacar más. Rut se resistía al cambio, pero a los 10 años decidió darle una oportunidad y así encontró el deporte que le robaría el corazón. A los 12, por consejo de su entrenadora rusa y sin saber el idioma, Rut decidió irse de campamento un mes y medio hasta el otro lado del mundo: si quería seguir su sueño de ser la mejor, tenía que entrenar con los mejores. La barrera idiomática no fue un impedimento; aprendió ruso con tal de poder desenvolverse e ir a entrenar cada que le fuera posible sin importar estar lejos de su familia. A los 20 años participó en los Juegos Centroamericanos de Mayagüez 2010, donde ganó seis medallas. Después del ciclo olímpico de Río 2016, se retiró. Sin embargo, para 2018 Rut quiso luchar por su sueño de ir a unos Juegos Olímpicos y regresó al deporte que tantas alegrías le había dado. Se preparó para ir a los Juegos Centroamericanos de Barranquilla y, con base en sus resultados, ver si continuaba con el ciclo olímpico. Rut se convirtió nuevamente en la reina de la gimnasia rítmica al conseguir cuatro medallas y posicionarse como la mexicana más condecorada en esa justa. En 2021, en el torneo Continental Panamericano, se coronó campeona americana y logró el pase a los Juegos Olímpicos de Tokio, en los que se convirtió en la primera mexicana en asistir en su deporte.

MOMENTO CANON

"Regresar a competir en 2018 a los Juegos Centroamericanos de Barranquilla después de que había decidido retirarme en 2017".

KRYPTONITA

(Algo a lo que no te puedas resistir)

Gatitos.

PLACER CULPOSO

Tener siempre un cajón lleno de chocolates.

LO QUE MÁS TE HACE FELIZ

Pasar tiempo con mi numerosa familia.

LO QUE MÁS TE ENTRISTECE

Estar lejos de las personas que quiero.

PERSONAS QUE ADMIRAS

María Espinoza.

SUPERHÉROE FAVORITO

Batman porque, a pesar de intentar mantenerse oculto en las sombras, no deja de apoyar a los que lo necesitan.

CANCIÓN PARA PONERSE EN MOOD DE SUPERHÉROE

"Carnaval toda la vida" (Los Fabulosos Cadillacs).

CONSEJO A LOS SUPERHUMANOS EN ENTRENAMIENTO:

"Persevera hasta alcanzar tus metas, cree siempre que eres capaz de hacerlo y siempre que pongas todo tu empeño en lo que hagas, reconoce y alégrate de tus pequeñas victorias".

PELÍCULA FAVORITA

Atrévete a amar (francesa).

f @Rut Castillo Oficial   X @rutcastillog   @rut_castillo

ALEJANDRA VALENCIA

ALIAS: Ale, Micozito.

DEPORTE: Tiro con arco.

LUGAR DE NACIMIENTO: Hermosillo, Sonora.

SUPERPODER: Ser la mujer con mejor puntería del mundo con un arco y una flecha.

TALENTOS Y CUALIDADES: Curiosidad, habilidad para aprender muy rápido múltiples idiomas y ser supercompetitiva en todo lo que hace.

"Venga, ¡tú puedes!".

Desde muy temprana edad, sus papás siempre fueron de la idea de que tenía que concentrarse en la escuela y hasta era considerada la nerd del salón. Su encuentro con el deporte que le cambiaría la vida fue cuestión del destino. Un día, andando en bicicleta con su hermana, esta última se cayó y fue auxiliada por el entrenador del campo de tiro con arco que estaba enfrente de donde sucedió el accidente. Al entrar al campo, Ale pidió aprender. Ser una alumna destacada provocó que la *bullearan*. Sin embargo, comenzó a callar a sus *haters* ganándoles en el tiro con arco. Gracias a su curiosidad también aprendió a tocar el violín, cantar, dibujar, nadar, entró a cursos de escritura y aprendió coreano. Después de una competencia en Europa, en 2009, donde quedó en tercer lugar, supo que entrenando más podía llegar a los más altos niveles. En 2010 logró entrar a la selección mayor y, desde entonces, es seleccionada nacional. Para los Juegos Olímpicos de Londres ganó el pase continental en categoría individual y después en equipos. Fue difícil porque anímicamente no se sentía bien. Logró el lugar 12 en sus primeros Juegos y se cuestionó si seguía adelante. En 2012 llegó a una final de copa del mundo contra una competidora coreana. Sin entrenar lo suficiente le dio batalla a una de las mejores arqueras del mundo y decidió comenzar a trabajar en la parte psicológica. Después llegó a los Juegos Olímpicos de Río, donde quedó en cuarto lugar individual y para Tokio 2020 logró cumplir su objetivo y se hizo medallista olímpica en la modalidad mixta. Además, en 2023 ganó la medalla de plata en el Campeonato Mundial, la primera que se gana en México, y ya está clasificada a sus cuartos Juegos Olímpicos en París 2024.

MOMENTO CANON

"La final de Copa en 2012 porque tenía un mes sin tocar el arco después de los Juegos Olímpicos de Londres y no sabía si seguir o no, pero las palabras de mi entrenador me animaron a seguir compitiendo y pelear al tú por tú con las mejores del mundo".

KRYPTONITA

(Algo a lo que no te puedas resistir)

Café frío o caliente
y el sushi.

PLACER CULPOSO

Las películas gore y las de terror.

LO QUE MÁS TE HACE FELIZ

Los animales.

LO QUE MÁS TE ENTRISTECE

Sentirme cansada, apagada
y no dormir bien.

PERSONAS QUE ADMIRAS

A Usain Bolt porque
rompió todos los récords
y a María Espinoza.

SUPERHÉROE FAVORITO

Raven, de Los Jóvenes Titanes
porque, a pesar de ser
la más poderosa, no alardeaba
y utilizaba su inteligencia
con perfil bajo.

CANCIÓN PARA PONERSE EN MOOD DE SUPERHÉROE

"Test Drive"
de la película *Cómo
entrenar a tu dragón*.

CONSEJO A LOS SUPERHUMANOS EN ENTRENAMIENTO:

"Disfruten cada momento,
hagan un deporte que realmente
les guste y no por obligación.
Respeten sus procesos,
no quemen sus etapas
y pónganse un objetivo en sus vidas"

PELÍCULA FAVORITA

Mulan porque me
identifico mucho
con ella.

 @micozito

 @micozito

JOSÉ LUIS DOCTOR

ALIAS: Doc.

DEPORTE: Marcha.

LUGAR DE NACIMIENTO: Estado de México.

SUPERPODER: Caminar sin cansarse.

TALENTOS Y CUALIDADES: No sabe rendirse y entre más le dicen que no puede hacer las cosas, más las hace.

"Si crees en ti, todo es posible".

Proveniente de una familia de origen muy humilde, *Doc*, como le gusta que le digan de cariño (y haciendo alusión a su primer apellido), fue un niño que desde muy temprana edad se vio en la necesidad de trabajar para ayudar a su familia, formada por sus papás, cuatro medios hermanos y una hermana. Para él, todo empleo que sea honesto y lleve comida a la mesa es de respetarse y por eso, desde los 15 años, comenzó a trabajar como albañil, vendedor ambulante, auxiliar y todo lo que se pudiera para poder salir adelante. De pequeño, mientras veía una competencia de marcha en Juegos Olímpicos en la televisión, se enamoró del deporte. Incluso se puso la meta de poder llegar a competir y ser de los mejores. El camino no fue fácil, ya que para él ha significado compaginar un empleo con el que pueda costear las cuentas y poder prepararse físicamente al más alto nivel. Y aunque entrenó muy duro, no logró clasificarse para los Juegos Olímpicos de Tokio 2020. Sin patrocinadores y sin ser elegible para becas, el *Doc* se vio en la necesidad de retirarse, dejar su sueño a un lado y buscar el sustento para su familia, por lo que comenzó a vender hamburguesas en el estado de Morelos. Raúl González, entrenador, exmarchista y quien es doble medallista olímpico mexicano, al ver el potencial de José Luis, le pidió regresar y darle una nueva oportunidad al deporte que tanto amaba.

El *Doc* regresó de su retiro y logró una tan esperada medalla de oro en los Juegos Centroamericanos y del Caribe 2023, la cual le regaló a su profe en agradecimiento por el apoyo recibido. El joven de 27 años también consiguió la marca mínima para poder clasificar y representar a México en los Juegos Olímpicos de París 2024.

MOMENTO CANON

"El día que mi entrenador (Raúl González, doble medallista olímpico mexicano) me dio la segunda oportunidad de hacer lo que más me gusta, que es practicar mi deporte".

KRYPTONITA
(Algo a lo que no te puedas resistir)
El Choco Milk.

PLACER CULPOSO
La canción "El primer día sin ti" de Danna Paola.

LO QUE MÁS TE HACE FELIZ
Hacer mi deporte y pasarla bien con mis amigos.

LO QUE MÁS TE ENTRISTECE
La mentira.

PERSONAS QUE ADMIRAS
A mi mamá.

SUPERHÉROE FAVORITO
Batman porque no tiene poder e incluso así hace hasta lo imposible por salvar el mundo.

CANCIÓN PARA PONERSE EN MOOD DE SUPERHÉROE
"Voy a ganar" (Miguel Bosé).

PELÍCULA FAVORITA
El triunfo del espíritu.

CONSEJO A LOS SUPERHUMANOS EN ENTRENAMIENTO:
"Nunca se rindan. Pase lo que pase, cumplan su sueño y no dejen que nadie se los quite porque valdrá la pena".

@jo_doc_mors   @medico.mors   @medico.mors

NURIA DIOSDADO

ALIAS: La Nutria.

DEPORTE: Natación artística (dueto y conjunto).

LUGAR DE NACIMIENTO: Guadalajara, Jalisco.

SUPERPODER: Dirigir el escuadrón de sirenas mexicanas (es capitana del equipo de natación artística).

TALENTOS Y CUALIDADES: Identificar problemas rápidamente, empoderarse con sus miedos y afrontarlos.

"Los obstáculos grandes son para las personas grandes".

Desde pequeña Nuria fue muy inquieta, de hecho, comenzó a practicar natación artística a los cinco años para que esta hiciera una especie de balance frente a su hiperactividad. A los 12, sus papás le dieron uno de los regalos más grandes que ha recibido: llevarla al Campeonato Mundial de Natación Artística de Barcelona, donde se enamoró del deporte. A los 15, Nuria ya formaba parte de la Selección Nacional. Y fue a los 19 años cuando se enfrentó a su mayor reto como persona y como deportista: decidió que quería trascender y dejar un legado a las generaciones venideras, y no solo medallas.

Después de luchar por limpiar su nombre y demostrar su valía, Nuria logró llegar a sus primeros Juegos Olímpicos en Londres 2012, hazaña que consiguió de nueva cuenta para Río 2016 y Tokio 2020 en la modalidad de dueto, en la que, junto con Joana Jiménez, fue finalista olímpica. Nuria se ha convertido en una de las deportistas mexicanas más condecoradas de la historia, ya que es la mujer con más medallas de oro en los Juegos Centroamericanos y del Caribe, donde ha acumulado 18 oros en total a lo largo de todas las ediciones en las que ha participado. Además, la deportista cuenta con 11 medallas en Series Mundiales, dos medallas en Copas del Mundo y es multimedallista continental en Juegos Panamericanos.

Actualmente destaca por ser la cabeza de la Selección Nacional del equipo de Natación Artística desde hace varios años y porque siempre ha visto por la mejora y el bienestar de su equipo y los que la rodean. En 2023 logró clasificarse nuevamente a unos Juegos Olímpicos y por primera vez tendrá la oportunidad de participar tanto en dueto como en equipo.

MOMENTO CANON

"Cuando fui al Campeonato Mundial de Natación Artística de Barcelona en 2002. Tenía 12 años y luego de ver competir en vivo a mis ídolos y a la Selección Mexicana, me di cuenta de que quería estar en su lugar".

KRYPTONITA
(Algo a lo que no te puedas resistir)

El pan dulce, especialmente las conchas.

PLACER CULPOSO

Después de bañarme me meto a la cama con todo y toalla para calentarme.

LO QUE MÁS TE HACE FELIZ

Estar en familia y viajar.

LO QUE MÁS TE ENTRISTECE

Ver sufrir a los demás, en especial a mis seres queridos.

PERSONAS QUE ADMIRAS

A Javi, mi marido.

SUPERHÉROE FAVORITO

Spiderman porque no es el prototipo que todos esperan. Rompe reglas, es disruptivo y tiene un buen corazón que lo hace ser muy especial.

CANCIÓN PARA PONERSE EN MOOD DE SUPERHÉROE

"Viva la Vida" (Coldplay).

PELÍCULA FAVORITA

En busca de la felicidad.

CONSEJO A LOS SUPERHUMANOS EN ENTRENAMIENTO:

"Siempre vayan más allá de lo que piensan que pueden hacer. La vida te sorprende el día que quitas los límites de tu cabeza y comienzas a disfrutar todo lo que puedes hacer, ya que cuando gozas lo que haces, nada puede salir mal".

 @NuriaDiosdado   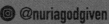 @nuriagodgiven

KEVIN PERAZA

ALIAS: Kev.

DEPORTE: Ciclismo BMX.

LUGAR DE NACIMIENTO:
Tucson, Arizona
(orgullosamente
mexicoamericano).

SUPERPODER: Creador de buena
energía y momentos mágicos
mientras vuela con su bici.

TALENTOS Y CUALIDADES: Amante
del arte (dibujar, pintar,
tomar fotos, crear contenido
y capturar momentos
especiales).

"Pon en manos de Dios todas tus obras y todos tus proyectos serán cumplidos". (Proverbios 16:3)

Hijo de padres mexicanos, pero nacido en Tucson, Arizona, Kevin es un ejemplo más de que no es necesario crecer en un determinado lugar para sentirse parte de él y en casa. Comenzó en el ciclismo a los cinco años de edad y, en parte, fue gracias a su papá y a su hermano mayor, quienes en su momento practicaron este deporte porque son amantes del BMX, pasión que le transmitieron. Anteriormente, Kevin había intentado adentrarse en otras disciplinas como el beisbol, pero estas no le brindaban la felicidad que experimentaba al andar en una bici, que lo hacía sentirse completamente libre y un artista "pintando" con sus movimientos sobre las dos ruedas. En 2013, Kev sufrió un accidente que lo dejó noqueado y le provocó una lesión que hizo que se le separara el hombro. Sin embargo, él decidió verle el lado positivo a esta situación, la cual lo motivó para regresar con más fuerza. Empezó su carrera en la modalidad BMX Racing antes de cambiarse al BMX Park. Se le describe como alguien que puede estar sobre una bicicleta en calle, tierra y rampas, y... ¡en las tres modalidades ha sido acreedor a una medalla de oro en los X Games! (la competición más reconocida de deportes extremos en el mundo). Kev se caracteriza por hacer todo con una sonrisa de oreja a oreja muy contagiosa, y por siempre tener una actitud muy positiva y amable. Bajo la bandera mexicana, Kevin logró su clasificación a los Juegos Olímpicos de Tokio 2020 y busca repetir la hazaña para estar en los de París 2024. Además, quiere promover el BMX a lo largo de México y el mundo y busca enseñar lo positivo que este deporte le trajo a su vida, así como aconsejar a los más jóvenes que quieran sumarse y seguir sus pasos.

MOMENTO CANON

"Cuando gané mi primera medalla de oro en los X Games. Vi lo imposible convertirse en posible. Me dije: 'Si puedes una vez, puedes hacerlo de nuevo'. Hoy soy nueve veces medallista y el único en la historia en conseguir oro en las tres modalidades de BMX".

KRYPTONITA

(Algo a lo que no te puedas resistir)
¡Los mazapanes, jajaja, o cualquier dulce o postre! No lo pienso ni dos veces.

PLACER CULPOSO

Siempre estoy pensando en comida y con todo el antojo. Soy gordito por dentro, jajaja.

LO QUE MÁS TE HACE FELIZ

Pasar momentos con mi esposa y amigos. AMO andar en bici.

LO QUE MÁS TE ENTRISTECE

Perder a algún ser querido, aunque hay que aceptarlo y celebrar la vida que tuvieron.

PERSONAS QUE ADMIRAS

Pat Casey, que en paz descanse. Fue uno de los mejores riders de BMX de la historia.

SUPERHÉROE FAVORITO

¡Batman! No tiene un superpoder, pero logró ser ¡un superhéroe! Me dio la motivación de que todos podemos serlo. Además ¡es demasiado cool y misterioso!

CANCIÓN PARA PONERSE EN MOOD DE SUPERHÉROE

"I'm a Boss" (Meek Mill).

PELÍCULA FAVORITA

¡La serie de Michael Jordan! Fue muy épico todo lo que logró.

CONSEJO A LOS SUPERHUMANOS EN ENTRENAMIENTO:

"Regla número uno: ¡disfrutarlo! No olviden por qué empezaron y por qué siguen. Tengan paciencia, lo bueno toma tiempo. Preparación y disciplina son más importantes que la motivación. Recuerden que los Avengers se ayudan con sus poderes siendo imparables y logrando cualquier reto".

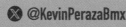 @KevinPerazaBmx   @kevinperaza   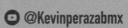 @Kevinperazabmx

KATTY MARTÍNEZ

ALIAS: Katty Killer.

DEPORTE: Futbol.

LUGAR DE NACIMIENTO: Monterrey, Nuevo León.

SUPERPODER: Ser la delantera más letal en la historia de la Liga MX.

TALENTOS Y CUALIDADES: Perseverancia, liderazgo, ser positiva y la DJ del vestidor.

"Make it happen".

Hija de odontólogos y con tres hermanos, Katty tuvo su primer contacto con el deporte que le cambiaría la vida a los seis años. El futbol le fue inculcado por su familia. Desde corta edad, Katty demostró ser muy buena con el balón, por lo que formó parte del selectivo de San Nicolás para de ahí dar el salto a la Selección Nuevo León, donde fue medallista de Olimpiadas Nacionales. A los 15 años llegó su gran oportunidad de formar parte de la Selección Mexicana Sub-17. Katty tuvo la fortuna de ser pionera en la flamante Liga MX Femenil, en la que, después de mucho pensarlo, decidió quedarse en casa y jugar en el Club Tigres de la Universidad Autónoma de Nuevo León.

Con el dorsal número 10, Katty debutó contra los Gallos Blancos del Querétaro y logró anotar siete goles en 11 partidos. El comienzo no fue fácil y empezaría como cambio revulsivo hasta que sus actuaciones la llevaron a ser titular indiscutible y pieza fundamental en los primeros cuatro campeonatos de Tigres. Allí se convertiría en ídolo de la afición, así como en una de sus goleadoras históricas. Gracias a esos desempeños en la cancha, fue convocada para jugar con la Selección Mayor de futbol. Con el torneo Clausura 2022 Katty emprendió el vuelo hacia el América, club histórico de México al que llegó como la delantera de mayor jerarquía en la Liga. Para el torneo Clausura 2023, de nueva cuenta Katty ayudó a que su equipo levantara el torneo de campeón una vez más: anotó gol en ambos partidos de la final.

Actualmente es la máxima goleadora histórica de la Liga MX Femenil y sigue sudando la camiseta en cada partido, y acaba de ser subcampeona nuevamente en la liga nacional.

MOMENTO CANON

"7 de marzo de 2016, cuando falleció mi abuelita. Fue muy duro y difícil. Lo llevo siempre conmigo para recordar que peor día o sentimiento no voy a volver a vivir. Ese día se convirtió en mi motivación para dedicarle todos mis goles y logros a ella".

KRYPTONITA
(Algo a lo que no te puedas resistir)

Jugar futbol y viajar.

PLACER CULPOSO

Los elotes.

LO QUE MÁS TE HACE FELIZ

Estar con mi familia.

LO QUE MÁS TE ENTRISTECE

El día que falleció mi abuelita.

PERSONAS QUE ADMIRAS

Lionel Messi.

SUPERHÉROE FAVORITO

Un superhumano de la vida real, Lionel Messi, por todo lo que ha logrado y lo que representa para su deporte. Y Wonder Woman, porque es cool.

CANCIÓN PARA PONERSE EN MOOD DE SUPERHÉROE

El reggaetón en general.

CONSEJO A LOS SUPERHUMANOS EN ENTRENAMIENTO:

"Se vale que a veces las cosas no salgan y se vale tener días malos, pero lo único que no se vale es rendirse. Prohibido rendirse".

PELÍCULA FAVORITA

Cars.

Este espacio es para ti porque ¡tú también puedes ser un superdeportista, completa los recuadros y dibújate!

ALIAS

PLACER CULPOSO

LO QUE MÁS TE HACE FELIZ

LO QUE MÁS TE ENTRISTECE

PERSONAS QUE ADMIRAS

CANCIÓN PARA PONERSE EN MOOD DE SUPERHÉROE

SUPERHÉROE FAVORITO

PELÍCULA FAVORITA

KRYPTONITA
(Algo a lo que no te puedas resistir)

AUTÓGRAFOS

ILUSTRADORAS

Alanis Salas
@nefelibata_artwork
Joana Jiménez
Jorge Luis Martínez
Carlos Sansores
Alexa Moreno
José Luis Doctor

Diana Alicia Ramírez
@alethwonderful
Steffy Aradillas
Donovan Carrillo
Rut Castillo
Katty Martínez

Gree Zamora
@gree_grecia
Nataly Michel
Amalia Pérez

Montse Mejía
María Espinoza
Nuria Diosdado

Luisa Lovera
@luloverams
Ceci Tamayo
Martha Alejandra Castillo
Jessy Salazar
Santi Giménez
Kevin Peraza

Nic Ochoa
@nic_ochoa_
Diego López
Lenia Ruvalcaba
Viri Álvarez
Luis Álvarez
Alejandra Valencia

AGRADECIMIENTOS

Si esperas que del cielo caiga un rayo y te dé superpoderes o te muerda una araña radioactiva para lograr grandes cosas, déjame decirte que no sucederá. Pero eso no significa que no puedas cumplir tus sueños. En la vida real existen seres humanos que llevan su cuerpo y mente al límite y que nos demuestran que, con dedicación, entrega y disciplina, uno puede llegar hasta donde quiera. Estos superhumanos son nuestros deportistas mexicanos que siempre buscan poner el nombre de nuestro país muy en alto.

Gracias a mis colegas, pero sobre todo a mis amigos deportistas y a mis bendiciones (mis atletas) que hicieron posible este libro al compartir un poco de lo que los hace tan increíbles, los admiro y quiero un montón. Gracias, Lino, por darme la idea para este fantástico libro. Gracias, Dali, Eli, Pao, Gaby, José y a toda mi familia de Penguin Random House, así como a mis cinco magníficas ilustradoras por confiar en mí y seguirme en mis locuras. Quiero agradecerte en especial a ti, lector, por darte el tiempo de conocer a 24 extraordinarios deportistas, pero sobre todo excepcionales seres humanos, así como sus historias.

Superdeportistas mexicanos de Frida Martínez
se terminó de imprimir en marzo de 2024
en los talleres de
Litográfica Ingramex, S.A. de C.V.
Centeno 162-1, Col. Granjas Esmeralda, C.P. 09810
Ciudad de México.